AF248247

FRANÇAIS & PRUSSIENS

RÉPONSE

AU MANIFESTE DE NAPOLÉON III

PAR

M. X.....

Un soldat tel que vous ne saurait plus prétendre
A Gouverner l'Etat, ne l'ayant su défendre !

PRIX : 50 centimes.

EN VENTE

CHEZ LES PRINCIPAUX LIBRAIRES DE FRANCE.

15 OCTOBRE 1870.

AU LECTEUR

Celui qui écrit ces lignes connaît peut-être mieux qu'aucun Français, l'organisation militaire de l'Allemagne du Nord; il a séjourné longtemps en Prusse, en Saxe, en Bavière, dans le Wurtemberg et dans le Duché de Bade.

Personne, mieux que lui, ne peut avoir une idée plus exacte des vues, des tendances et des sentiments des différentes races Germaines; aussi, est-ce avec une conviction profonde qu'il exprimera ici sa pensée qui n'est que le résultat d'une observation scrupuleuse dans ses moindres détails.

Heureux, si cette petite brochure, inspirée par un ardent patriotisme, peut éclairer ses concitoyens et rendre service à cette chère France, qu'il aime de toutes les forces de son âme !

FRANÇAIS ET PRUSSIENS

Il faut remonter un peu haut pour chercher l'origine de la lutte terrible engagée à cette heure entre la France et l'Allemagne du Nord.

Jamais carnage plus affreux n'aura ensanglanté la terre ! Malédiction sur les hommes qui, connaissant les sentiments des deux peuples, ont réveillé leurs haines assoupies, leurs instincs meurtriers, et auront été cause, par leur ambition insensée, de tant de malheurs et de désolation !

Les victoires de la République et de l'Empire, aussi bien que la malheureuse défaite de Waterloo, n'étaient plus que des souvenirs endormis ; la lecture que nous en faisions dans l'histoire était pour nous comme l'écho mourant d'un choc lointain ; pourquoi faut-il que des hommes téméraires aient allumé cette guerre horrible qui ne peut finir que par l'extermination du vaincu et la ruine du vainqueur ?

Guerre d'ambition au début, elle va dégénérer en guerre de races, sans pitié ni merci !

Qui donc aura été l'auteur de tant de maux ?

C'est Bismark !

Bismark l'ambitieux, l'insatiable Bismark, l'ennemi mortel de l'Autriche et de la France, Bismark le ministre violent et brutal, Bismark au visage satanique, Bismark enfin le Méphistophelès du roi Guillaume !

— Une grande imprudence avait été commise par Napoléon III : il avait proclamé bien haut le principe des nationalités, et cela, au profit de l'Italie ; cette faute lui a coûté cher, car elle a dérangé l'équilibre européen, qui devait assurer la paix à tous les états de l'ancien continent.

Une fois l'Italie agrandie, l'Allemague du Nord a réclamé le bénéfice du principe des nationalités, et lorsque l'on devait arrêter l'extension de cette formidable puissance qui se heurtait à nos frontières, il n'était plus temps !

— Napoléon, pour s'excuser aux yeux du vainqueur, dit qu'il a été contraint à la guerre par la France :

Rien n'est plus faux !

Jamais la France n'a conseillé aucune guerre à l'Empereur Napoléon qui, sous prétexte qu'il portait un grand nom, se croyait forcé de se jeter.dans des aventures ruineuses pour le Pays.

Que voulez-vous ! Il rêvait, lui aussi, la gloire militaire :

La grande ombre de Napoléon Ier le gênait.

Il voulait être tout à la fois un grand conquérant et un grand pacificateur.

Il n'a semé que le désordre et la ruine !

La preuve certaine, incontestable que Napoléon III voulait la guerre avec la Prusse, c'est son plébiscite, dont rien ne justifiait l'opportunité.

Or, ce plébiscite lui donnait le droit de déclarer la guerre : cétait là l'autorisation qu'il demandait tacitement au peuple, sans plus d'explications.

Donc, il se préparait en silence à cette guerre, sans en dire mot à personne, et il s'y préparait, du fond de son cabinet, sans rien voir par ses yeux, et ignorant la puissante organisation militaire de l'Allemagne. Plus inquiet des ennemis du dedans que ceux du dehors, son Préfet de police avait le pas sur son Ministre de la guerre, et toutes ses aptitudes machiavéliques se concentraient sur cette seule idée : il faut désarmer les partis.

Il usa, pour arriver à ce résultat, de tous les moyens : la force et la corruption ; puis après, il berna le peuple de concessions libérales en apparence ; et enfin, moyen suprême, il fit appel à la conciliation.

Hélas ! on ne pent pas faire deux choses à la fois.

La guerre à la Prusse, son idée persistante, était chose, malgré lui, sacrifiée ; il y pensait souvent ; mais ne s'en occupait pas assez.

Il s'en rapportait à ses Ministres pour l'organisation de son armée et de ses approvisionnements ; mais cet homme, renfermé en lui-même, ne laissait jamais échapper, même à ses plus intimes, ces mots : *je vais faire la guerre à la Prusse.*

Que faisait Bismark pendant ce temps-là ?

Après avoir écrasé l'Autriche, dévoré une partie du Danemark et le Hanovre, il savait bien que, tôt ou tard, il aurait un compte à régler avec la France.

Aussi, après avoir fait un traité d'alliance offensive et défensive avec la Bavière, le Wurtemberg et le duché de Bade, sa politique ne cessa pas un instant de représenter à ces différents états, la France, comme la plu grande ennemie de l'Allemagne.

Il employa, pour arriver à exciter cette animosité, tous les moyens que son cerveau, fécond en expédients machiavéliques, put enfanter.

Il y travailla sans trève. Ce fut sa seule pensée de chaque jour, de chaque heure.

Cette semence empoisonnée germa bientôt dans toute l'Allemagne, et lorsqu'il fut certain du concours moral de tous les Allemands, il s'occupa des moyens pratiques.

REMANIEMENT DE LA CARTE D'EUROPE

(CONCEPTION DE BISMARCK)

1° Prendre à la France, l'Alsace et la Lorraine ;
2° Donner à la Belgique deux départements du Nord de la France ;
3° Donner à l'Italie Nice et la Savoie, en échange de sa neutralité ;
4° Prendre la Hollande ;
5° Laisser la Russie marcher sur Constantinople ;
6° Prendre Trieste à l'Autriche ;
7° Donner l'Égypte à l'Angleterre ;
8° Donner le Portugal et Gibraltar à l'Espagne.

Voilà la carte de l'Europe refaite par la main de M. Bismark ! — C'est peut-être là le secret de l'impassible neutralité des puissances de l'Europe et de l'ingratitude de l'Italie !

Or, pour arriver à ce but, et pour faire adhérer à ce plan, que fallait-il ?

Peindre la France, comme la pertubatrice du repos de l'Europe, l'accuser hautement de vouloir prendre aux Allemands les provinces Rhénanes, et insinuer par un moyen infâme que la France réclamait la Belgique, comme compensation de l'agrandissement territorial de la Prusse.

Aussi, que fit-il pour arriver à la réalisation de ses rêves sataniques?

Après avoir fait miroiter aux yeux du roi Guillaume, le prestige du titre d'Empereur d'Allemagne ; après avoir chatouillé l'amour-propre du Prince Frédérick-Charles, en le proclamant un second Napoléon Ier ; après avoir déroulé aux yeux du Prince Royal l'étendue de son empire immense, dans un avenir rapproché ; penché sur la carte de France, en compagnie du roi Guillaume et du général Moltke, il étudia avec un soin incessant et scrupuleux les routes, les villes et les places fortes ; envoya partout des officiers du génie relever les plans de chaque ville ; jeta sur le sol français des milliers d'Allemands chargés d'étudier avec un grand soin les ressources de chaque ville et de chaque village ; enveloppa enfin la France dans un immense réseau d'espions de toutes sortes que la France, dans sa génorosité chevaleresque, nourrissait, en leur procurant des travaux.

Puis, il organisa militairement, en compagnie de Moltke, l'Allemagne tout entière, de telle façon que tout était arrangé, réglé, étiquetté avec un ordre si parfait qu'au moindre signal télégraphique, douze cent mille hommes pouvaient, en quinze jours, entrer en ligne.

Une seule chose avait toujours préoccupé le roi Guillaume, c'était l'infanterie française, son impétuosité et son élan irrésistibles dans l'attaque à la baïonnette.

C'est cette idée qui lui fit autrefois adopter avec empressement le fusil à aiguille qui fit plus tard tant de mal aux Danois et aux Autrichiens.

Mais quand le général de Moltke sut que nous avions imité et perfectionné ce système par le chassepot, il dit au Roi : Nous ne pourrons vaincre les Français que par une artillerie supérieure à la leur, en nombre et en portée.

Les Prussiens travaillent admirablement le fer et l'acier.

Ils inventèrent le canon rayé en acier, se chargeant par la culasse, et pouvant envoyer, pour les pièces de campagne, des projectiles à 3,500 mètres, tandis que notre artillerie de campagne, beaucoup plus lourde que la leur, ne porte le boulet qu'à 2,400 ou 2,500 mètres.

La Prusse fit fabriquer plusieurs milliers de ces canons; elle consacra à cette dépense un énorme budget; accumula dans ses arsenaux une quantité prodigieuse de munitions de guerre, exerça chaque semaine tous ses hommes au tir précis et rapide, aussi bien du fusil que de l'artillerie; et, quand elle fut vingt fois prête, commença ses manœuvres habiles pour attirer l'Empereur Napoléon III dans le piége où il est tombé.

Soutenue, sans aucun doute, par l'argent d'une certaine puissance, elle répandit la corruption partout.

Des journalistes influents furent soudoyés pour chanter l'unité de l'Allemagne; d'autres, le furent pour exciter le chauvinisme français, tout cela dans le but de forcer le gouvernement français à déclarer la guerre à la Prusse.

On eut des agents dans chaque ville, non pas seulement des Allemands, mais des Français, de ces misérables qui trahissent leur patrie pour de l'argent, de ces infâmes qui coupent les rails, font dévier les trains, dénoncent les mouvements de troupes à l'ennemi, et répandent de fausses nouvelles télégraphiques ; odieux scélérats qu'on devrait fusiller sans pitié !

Et quand, même parmi plusieurs de ses conseillers les plus intimes, Napoléon III eut trouvé des gens qui lui soufflaient sans cesse à l'oreille ces mots : guerre à la Prusse, l'Empereur se croyant prêt, cinq fois prêt, comme disait le maréchal Lebœuf, donna tête baissée dans les piéges qui lui étaient tendus et déclara cette guerre, pensant qu'il y allait de son prestige et de l'honneur du nom qu'il portait.

Que de millions il a fallu à Monsieur de Bismark, pour arriver à ce résultat tant attendu !

La Prusse connaissait, par les votes de l'Armée, lors du *plébiscite*, le nombre de soldats que nous avions sous les armes. Elle avait donc beau jeu !

Napoléon III, trop confiant dans ses chassepots et ses mitrailleuses, commença cette malheureuse campagne avec 200,000 hommes, et sans cesse espionné, laissa massacrer misérablement, par petites fractions, une armée héroïque que les Prussiens ne pourront pas se flatter d'avoir vaincue, mais d'avoir écrasée sous une avalanche d'hommes.

Que la France, surprise dans un demi-sommeil, et livrée désarmée à l'arrogance d'un ennemi brutal et cruel se lève aujourd'hui comme un seul homme !

Belle France, terre privilégiée de Dieu ! tu serais la proie de cette bande de Vandales ; cette nuée de vautours lâches et voraces te feraient cadavre et viendraient fouiller ton cœur de leur bec impur !

A Paris ! à Paris !

Tous debout ! tous, entendez-vous, tous !!

Votre mère est menacée !

Savez-vous ce que l'on a promis à cette horde, pour aiguiser son appétit ?

Le pillage de Paris !

Le pillage de Paris, c'est la ruine de la France, c'est votre misère à tous, pendant un demi-siècle ! C'est la France maudite et deshonorée à jamais !!

Laissez vos travaux. Un fusil, une pique ou un poignard et en avant !!

Plus de partis aujourd'hui devant l'ennemi de la France.

Celui qui accepterait une paix lâche et honteuse pour la satisfaction prochaine de ses intérêts personnels, serait un infâme !

Malédiction sur Guillaume qui, aveuglé par son ambition, veut ramasser sa couronne impériale dans le sang de son peuple.

> Le bleu manteau des rois pouvait gêner ses pas,
> La pourpre lui sied mieux : le sang n'y paraît pas !
>
> Victor HUGO.

• Et quant à ceux qui voudraient nous ramener Napoléon, disons-leur, en pariodant ces vers de Voltaire :

> Un soldat tel que vous ne saurait plus prétendre
> A gouverner l'Etat, ne l'ayant su défendre.

Manière de faire la guerre aux Prussiens.

—

La tactique stratégique des Prussiens a été, depuis et pendant la guerre d'Autriche, d'agir par masses.

Ses nombreuses armées lui ont toujours permis d'évoluer ainsi : concentrer de grandes masses échelonnées au centre, appuyer ses ailes par une formidable artillerie, son centre par une nuée de tirailleurs, et guetter les points faibles de l'ennemi ; dédoubler alors le centre de ses armées, pour en reporter rapidement une partie sur l'ennemi et chercher à l'envelopper.

Empêcher, par des feux bien dirigés de l'aile gauche et de l'aile droite, l'attaque de l'adversaire à la baïonnette ; s'emparer avec rapidité des points dominants, et faire ses mouvements tournants avec une grande vitesse.

Le soldat Prussien n'a ni l'élan irrésistible du soldat Français, ni la bravoure calme de l'Anglais, ni la solidité de fer du soldat Russe.

Il marche avec prudence ; il recourt souvent à la ruse. Il est assez ferme quand il se sent en nombre ; mais il est esclave de la discipline, manœuvre avec une parfaite régularité, tire avec assez de précision, sans se presser, et surtout possède des artilleurs qui savent admirablement pointer leurs pièces.

Ceci dit, je maintiens néanmoins qu'à nombre égal d'hommes, et avec un armement identique, jamais armée prussienne ne vaincra une armée française.

Le général de Moltke est évidemment le premier organisateur et le meilleur stratégiste des temps modernes.

Personne, mieux que lui ne connaît l'art de faire mouvoir des masses.

Assurément, cet homme doit être le premier joueur d'échecs de l'Europe.

Aussi les Allemands ont-ils en lui une confiance illimitée.

Si, à l'heure où je parle, le général Moltke a été tué, ainsi que le bruit en a couru ces jours-ci; si cette nouvelle n'est point une de ces mystifications sinistres du ténébreux Bismark, l'armée Allemande doit être frappée de stupeur; car elle a perdu un homme que rien ne saurait remplacer.

Un seul général en France préoccupait le général de Moltke : c'était Bazaine.

Pourquoi?

Parce que celui-là n'était pas encroûté dans les vieilles traditions stratégiques; il savait qu'avec les Prussiens il faut de la ruse, des coups de surprise. Non seulement il avait une grande bravoure, mais il savait aussi faire la guerre avec esprit.

Et lorsque les Français se mêlent d'avoir de l'esprit, ils dépassent les Allemands de cent coudées.

Aussi Bazaine a-t-il trouvé moyen de leur mettre hors de combats, jusqu'à ce jour, plus de cent mille hommes!

Quel malheur pour la France qu'il n'ait pas commandé l'armée de Châlons.

Ce n'est pas lui assurément qui se fût laissé surprendre et couper par l'armée du Prince Royal, à Sedan; et surtout, il n'eût par capitalé ayant 90,000 hommes sous la main !

Aujourd'hui il faut l'effort suprême de tous les enfants de la France pour délivrer Paris.

Il faut un Océan d'hommes, marchant d'un pas résolu, et appuyant par l'effet moral et matériel de sa présence le courage de nos troupes régulières et de nos mobiles.

Il faut qu'en voyant derrière elle toutes les gardes nationales du pays, cette brave armée sente auprès d'elle battre le cœur de la France entière !

Appuyez cette valeureuse jeunesse par une formidable artillerie et par les engins dont j'ai envoyé le modèle aux membres du gouvernement de la défense nationale, et attaquez l'ennemi sur les deux points que j'ai signalés.

Vous rencontrerez sur votre passage, de l'artillerie ennemie de campagne occupant certains points dominants; mais une artillerie à longue portée que vous avez sous la main, et montée sur les affûts que j'ai indiqués, saura faire taire les canons ennemis, sans qu'ils puissent vous atteindre.

On comprendra mon silence en ce qui concerne les indications que j'ai soumises au Gouvernement de la défense nationale.

Donc, un million d'hommes en marche !

Réquisition de tous les chariots disponibles pour transporter des vivres pour un mois.

Emportez avec vous trois cent mille piques que vous distribuerez sur votre passage à tous les habitants des campagnes des départements envahis, et finissons cette guerre par une de ces batailles grandioses et terribles où l'ennemi, pris entre les masses accumulées dans Paris, et votre ceinture de fer et de feu, trouvera sous les murs mêmes de la capitale, le tombeau qui l'attend !

Paris délivré, les gardes nationaux rentreront dans leurs foyers.

L'armée régulière et la mobile marcheront sur Metz; délivreront le brave maréchal Bazaine, qui, aidé de ce puissant secours, balayera sans grands efforts, de l'Alsace et de la Lorraine, les derniers débris de cette immense armée qui s'était promis de ruiner notre beau pays et de le démembrer.

Dieu sera pour nous, soyez-en assurés : il prête son appui aux vrais courages et aux grands dévouements !!

VIVE LA FRANCE !

Châteauroux, Imp. A. Nuret.